El mundo de la granja

Los alimentos de la granja

Edición revisada

Nancy Dickmann

Heinemann Library
Chicago, Illinois

www.capstonepub.com
Visit our website to find out more information about Heinemann-Raintree books.

To order:
☎ Phone 800-747-4992
🖳 Visit www.capstonepub.com to browse our catalog and order online.

©2011 Heinemann Library
an imprint of Capstone Global Library, LLC
Chicago, Illinois

Edited by Siân Smith, Nancy Dickmann, and Rebecca Rissman
Designed by Joanna Hinton-Malivoire
Picture research by Mica Brancic
Production by Victoria Fitzgerald
Originated by Capstone Global Library Ltd

Library of Congress Cataloging-in-Publication Data
Dickmann, Nancy.
 [Food from farms. Spanish]
 Los alimentos de la granja / Nancy Dickmann.
   p. cm.—(El mundo de la granja)
 Includes bibliographical references and index.
 ISBN 978-1-4846-5174-2 (pb)
 1. Farms—Juvenile literature. 2. Food crops—Juvenile literature. I. Title.
 S519.D5318 2011
 630—dc22   2010034447

Printed in the United States of America.
1652

Acknowledgements
We would like to thank the following for permission to reproduce photographs: Alamy: age fotostock/Emilio Ereza, 8, espixx, 9, imageBROKER/Martin Moxter, 7, Robert Harding/Ken Gillham, 10, Stock Connection Blue, 13; Getty Images: GARDEL Bertrand, 5, Inga Spence, 6, Juergen Richter/LOOK-foto, 15, 23 Top, RENAULT Philippe, 14; iStockphoto: BartCo, 12, Jack Puccio, Cover; Photolibrary: Cultura/Bill Sykes, 4, Glow Images, 20, Johner RF/Johner Bildbyra, 17, 22, White/Andrew Olney, 18; Shutterstock: Charly Morlock, 19, HQuality, Back Cover, 11, Sea Wave, 16, Monkey Business Images Ltd, 21, 23 Bottom

The publisher would like to thank Dee Reid, Diana Bentley, and Nancy Harris for their invaluable help with this book.

Every effort has been made to contact copyright holders of material reproduced in this book. Any omissions will be rectified in subsequent printings if notice is given to the publishers.

Contenido

¿Qué es una granja?

Una granja es el lugar donde se cultivan los alimentos.

Los granjeros venden los alimentos
que la gente va a comer.

Plantas para alimentarnos

maní

Los granjeros cultivan plantas que nos alimentan.

El maíz dulce se cultiva en granjas.

papas

Las papas se cultivan en granjas.

bananas

Las frutas se cultivan en granjas.

Animales para alimentarnos

Los granjeros crían animales que nos alimentan.

La leche y la carne salen
de las vacas.

La tocineta y el jamón salen de
los cerdos.

huevos

La carne y los huevos salen
de las gallinas.

De la granja a la tienda

Cuando los alimentos están listos,
los granjeros los recogen.

Los alimentos se empacan para mantenerlos en buen estado.

sidra caliente

Algunos alimentos de las granjas se pueden convertir en otros alimentos.

trigo

pan

Con el trigo se hace pan.

Con las naranjas se hace jugo.

Con la leche se hace queso.

Los camiones llevan los alimentos
a las tiendas.

Compramos alimentos en las tiendas.

¿Lo recuerdas?

¿Con qué se hace el pan?

Respuesta en la página 24

Glosario ilustrado

Empacar: poner cosas dentro de una caja. Empacamos los alimentos para que sea más fácil llevarlos de un lugar a otro.

Tienda: lugar donde podemos comprar cosas. En algunas tiendas venden los alimentos que comemos.

Índice

Respuesta a la pregunta de la página 22: El pan se hace con trigo. Primero, se muele el trigo para hacer harina. Luego, con la harina se hace el pan.

Nota para los padres y maestros

Antes de leer:

Pregunte a los niños si alguna vez han ido a una granja. Pregúnteles qué alimentos creen que vienen de la granja. Hagan una lista entre todos. ¿Saben cuáles alimentos son frutas, verduras, carnes o granos? Explíqueles que hay granjas en todo el mundo. Las granjas de lugares diferentes cultivan diferentes alimentos. Pídales a los niños que piensen en qué tipos de alimentos pueden venir de otro país y cómo llegan hasta el suyo. Por ejemplo, las bananas (imagen en la página 9) se cultivan en países cálidos y se transportan en aviones y camiones.

Después de leer:

• Pídales a los niños que digan todos los tipos diferentes de frutas que se les ocurran. Pregúnteles si saben qué tipos de frutas se cultivan en su país. ¿Saben dónde se cultivan las otras frutas? Por ejemplo, ¿se cultivan bananas en el país donde viven? Si no es así, ¿saben por qué? Miren un mapa del mundo y comenten en dónde se cultivan los diferentes tipos de frutas. Hablen sobre el largo camino que deben recorrer algunas frutas para que puedan consumirse en distintos países del mundo.

• Pregunte a los niños si saben de qué está hecha la harina. Muéstreles algunas espigas y granos de trigo y explíqueles cómo se muelen los granos para convertirlos en harina. Averigüe cuáles alimentos hechos con harina pueden recordar. Los niños podrían encuestar a sus compañeros de clase para saber cuáles prefieren y luego, entre todos, hacer una tabla de conteo.